J. des FORTS

*Chef d'escadrons breveté en retraite*

# La surprise du 21 mars 1918 et celle de demain ?

IMPRIMERIE CHANTENAY
15, Rue de l'Abbé Grégoire, 15
PARIS (6ᵉ)

*Chef d'escadrons breveté en retraite*

**J. des FORTS**

*Chef d'escadrons breveté en retraite*

# La surprise du 21 mars 1918 et celle de demain ?

IMPRIMERIE CHANTENAY

15, Rue de l'Abbé-Grégoire, 15

PARIS (6e)

# AVANT-PROPOS

Le correspondant d'un grand quotidien écrivait du Rhin, il y a quelques jours : « Me taire serait criminel étant donné ce que je vois ici… André Lefèvre n'a pas dit la millième partie de ce qui se passe en Allemagne. »

Si le cri d'alarme jeté par l'ancien ministre de la guerre a réveillé un instant l'opinion, celle-ci s'est presque aussitôt laissée retomber dans sa léthargie sous le bercement des éternels refrains des endormeurs, de ceux qui, par crainte de regarder le danger, endossent en réalité une effroyable responsabilité envers le pays, et que Maurras appelle si justement les pacifistes sanguinaires.

A mon tour, j'estime qu'il serait criminel de me taire plus longtemps étant donné ce que j'ai su.

En 1918, comme en 1921, on pouvait prévoir les événements. Le lecteur de ces notes jugera à qui incombe la responsabilité de ce que la presse officielle a nommé « la surprise » du 21 mars 1918.

Loin de moi l'idée de vouloir attaquer l'armée et surtout le prestige de nos grands chefs militaires.

Mais dans l'armée comme ailleurs il y a eu, pendant la guerre, des catégories bien distinctes qu'il est utile de stigmatiser pour dégager les responsabilités.

L'armée compte, comme le reste du pays, beaucoup de nouveaux riches.

Les uns ont gagné grades et honneurs sur les champs de bataille. Devant eux, on ne saurait trop s'incliner avec assez de respect et de gratitude.

Mais d'autres, les « jeunes Turcs », politiciens sous la tenue militaire, intrigants et exclusifs, obséquieux devant l'autorité, mais sans pitié pour ceux n'appartenant pas à leur petite chapelle, devront, un jour ou l'autre, rendre des comptes terribles au pays, car ils sont la cause de bien des malheurs.

A l'abri derrière les tranchées, ils ont mené leurs intrigues dans les bureaux, d'où ils exploitaient la situation comme un fief, obscurcissant au lieu d'éclairer les vues du commandement, hostiles à la solution énergique répondant aux événements, incapables d'ailleurs de la concevoir, et lui préférant un *statu quo* plus en conformité avec leurs intérêts personnels.

Il y a eu aussi les nouveaux pauvres, les victimes des précédents. Ce sont ceux auxquels leurs mérites personnels permettaient d'avoir une ambition légitime, mais qui ont été brutalement mis à l'écart ou brisés, parce qu'ils ne plaisaient pas. Ils ont été traités en parias pour s'être rendus coupables de ne pas vouloir se prêter à une admiration de commande. Ceux-là ont beaucoup souffert. S'ils avaient été écoutés, bien des fautes n'auraient pas été commises et de nombreuses vies auraient été épargnées. La guerre se serait terminée plusieurs années plus tôt et la France aurait pu imposer à l'Allemagne une paix française.

Le publication de ces documents a pour but de mettre ces vérités en évidence et de montrer combien les bureaux chargés d'éclairer le commandement ont été inférieurs à leur tâche et aussi avec quelle rigueur ils ont traité ceux qui avaient l'esprit indépendant.

Devant les événements qui se préparent, n'est-il pas angoissant de songer que ces mêmes bureaux n'auraient ni plus de clairvoyance pour prévoir la catastrophe, ni plus de capacité pour y faire face ?

Par leur faute, 100.000 Français sont tombés en 1918, dans les plaines de la Picardie et du Soissonnais.

Sera-t-il dit que, par leur faute encore, 100.000 jeunes hommes pleins de vie, l'espoir de la France, seront impitoyablement fauchés avant quelques mois peut-être ?

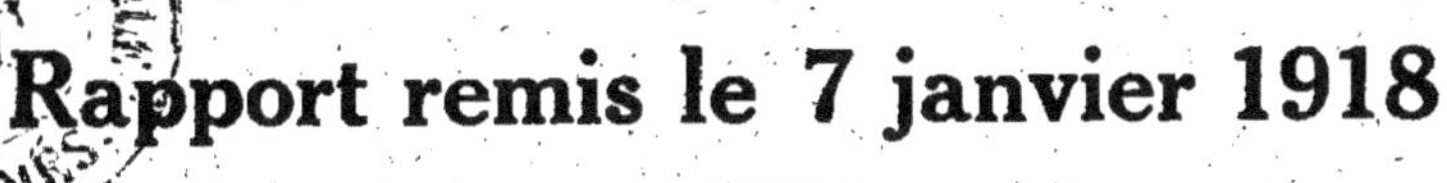

# Rapport remis le 7 janvier 1918

A cette époque, un État-major (C. S. N.) (1) dont je faisais partie, était à Amiens, mais devait en partir.

Cet exposé avait pour but :

1° D'attirer l'attention du commandement sur l'intérêt qu'il y avait de maintenir cet État-major dans la région d'Amiens pour former le noyau futur des formations que la nécessité des événements devait fatalement y appeler.

2° De faire étudier dès cette époque les mesures à prendre pour faire évacuer la population civile d'Amiens, si besoin s'en faisait sentir.

3° De faire établir un plan d'évacuation des mineurs de la région du Pas-de-Calais et des charbonnages. Je préconisais de les utiliser comme main-d'œuvre aux travaux de campagne.

Ma voix ne fut pas entendue :

L'État-major du C. S. N. partait quelques jours plus tard pour Boulogne où il n'eut aucun rôle à remplir, de sorte qu'au moment de l'attaque allemande, rien n'était constitué dans la région d'Amiens.

L'évacuation d'Amiens sous le bombardement, donna lieu à des désordres inouïs.

Le plan d'évacuation des mineurs était à peine ébauché quand la région des charbonnages fut menacée.

COMMANDEMENT SUPÉRIEUR DU NORD

2ᵉ Bureau

Lè 7 Janvier 1918.

## EXPOSÉ DE LA SITUATION
### sur le front du C. S. N. (de la mer à l'Oise).

Le front allemand, entre la Mer et La Fère, peut se répartir en cinq zones :

| | Longueur du front. | Nombre de divisions. | Nombre de bataillons. |
|---|---|---|---|
| 1° De la mer à la forêt d'Houthulst ..... | 30 km. | 7 | 45 |
| 2° De la forêt d'Houthulst à Commines . | 30 » | 12 | 108 |
| 3° De Comines à Lens, ................ | 45 » | 8 | 72 |
| 4° De Lens à Marcoing (S.-O. de Cambrai) | 45 » | 12 | 108 |
| 5° De Marcoing à La Fère ............. | 60 » | 12 | 108 |

(1) C. S. N. — Commandement Supérieur du Nord. Ne pas traduire par une autre expression peu flatteuse, tirée du jargon militaire.

D'après les renseignements recueillis par le 36ᵉ Corps, l'Armée belge et l'Armée britannique, il y a *de plus* comme réserves à proximité du front :

Dans le premier secteur............     5 divisions     45 bataillons
Dans le deuxième secteur .......     6     »     54     »
Dans le troisième secteur.........     0     »     0     »
Dans le quatrième secteur ......     11     »     99     »
Dans le cinquième secteur........     6     »     54     »

La densité, au kilomètre, des bataillons pouvant intervenir rapidement dans la bataille, serait finalement donnée par le tableau suivant :

|  |  |  | Densité des bataillons au km. |
|---|---|---|---|
| Premier secteur....... | 30 km. | 99 bataillons | 3,30 |
| Deuxième secteur..... | 30 » | 162 » | 5,40 |
| Troisième secteur.... | 45 » | 72 » | 1,60 |
| Quatrième secteur.... | 45 » | 207 » | 4,60 |
| Cinquième secteur.... | 60 » | 162 » | 2,70 |

Il résulte de ce tableau que la densité dans les secteurs 2 et 4, est presque double de celle des secteurs 1, 3 et 5.

Car, si la densité dans le 1ᵉʳ secteur est de 3, 30, en ce qui concerne le nombre de bataillons, elle est en réalité inférieure à ce chiffre, si on prend pour base l'effectif de ces bataillons. En effet, dans ce secteur, les pertes des compagnies n'ont pas été entièrement comblées, et leur effectif de tranchées est réduit à 50 ou 60 hommes. Contrairement à ce qui a eu lieu dans les autres secteurs, elles n'ont pas été renforcées à l'aide d'éléments *jeunes* venus de Russie (*Bulletin belge* du 29 décembre).

Depuis le 25 novembre, l'effectif total des divisions en ligne qui était à cette époque de 45, de la mer à la Fère, a été porté à 50, par l'appel de 5 divisions et ces 5 divisions ont pris place dans le secteur nᵒ 4.

On remarquera enfin que les secteurs les plus actifs depuis 15 jours sont le secteur nᵒ 4, puis le secteur nᵒ 2, et que, par contre, dans le secteur nᵒ 1 l'ennemi semble surtout exécuter des travaux défensifs (Communiqué du 36ᵉ corps). D'après des radios nouvellement interceptés il s'occupe spécialement, en ce moment dans cette région de la question des inondations.

Les renseignements recueillis à Annemasse signalent de nombreux rassemblements en Belgique. Plusieurs divisions venant de Russie ont été débarquées dans cette région : la 31ᵉ à Gand (*Bulletin du G. Q. G.* du 30 décembre), la 42ᵉ vers Eecloo, la 53ᵉ vers Bruges, la 81ᵉ D. R. vers Landrecies (*Bulletin du G. Q. G.* du 7 janvier). Enfin un renseignement venant d'Espagne affirme que de nombreuses divisions autrichiennes y sont acheminées.

Il est à présumer que le Commandement allemand médite

une offensive de grand style contre les Anglais, en renouvelant les méthodes employées contre les Italiens, c'est-à-dire en cherchant la rupture du front.

Une attaque dans le secteur n° 1 est impossible en cette saison à cause de l'état du terrain. D'ailleurs elle ne conduirait à rien, car une avance le long de la côte, exposée à être prise sous les feux de la flotte anglaise d'une part, et de flanc par une troupe de manœuvre facilement concentrée d'autre part, serait trop périlleuse et vouée à un échec certain. Il est à présumer que si l'ennemi fortifie ce secteur ce n'est que pour y récupérer des effectifs au profit du secteur voisin.

De la faible densité des secteurs 3 et 5, on peut tirer également la conclusion qu'il ne s'y prépare rien d'important.

Restent les secteurs 2 et 4.

Si l'on se rappelle que le secteur 4 est en voie de renforcement, qu'il est le plus actif (affaire de la Vacquerie et de Connelieu le 29 décembre, attaque au sud de Marcoing le 30 décembre, dans la vallée de la Scarpe le 3 janvier, coup de main sur Bullecourt le 5 Janvier) ; si l'on constate en outre qu'un très gros dépôt de benzine et d'essence est signalé à Orchies, centre probable prévu pour d'importants mouvements de camions, on peut en conclure que l'attaque principale aura lieu dans ce secteur.

Les forces groupées dans le secteur n° 2 seraient probablement destinées à maintenir devant elles les importantes réserves anglaises agglomérées aux environs d'Ypres depuis cet été.

L'attaque dans le secteur 4 aurait sans doute pour but de tourner par le *sud* le massif des collines de l'Artois en progressant dans la zône dépourvue d'obstacles limitée au *nord* par Arras, Doullens, Abbeville ; au sud par la ligne Cambrai, Péronne, le cours de la Somme, Amiens.

Le but principal poursuivi serait de rejeter le gros de l'armée anglaise sur la mer après l'avoir coupée des bases qu'elle possède au sud de la Somme.

Le but secondaire serait de mettre immédiatement la main sur le bassin houiller afin d'amener chez nous une disette et des émeutes.

Il semble que devant cette éventualité qui peut-être ne se réalisera pas, mais qu'il est prudent d'envisager, il y aurait lieu de prévoir les mesures à prendre :

1° Pour l'évacuation du centre minier si besoin s'en faisait sentir.

2° Pour le rassemblement et le transport des renforts que pourraient réclamer les Anglais.

3° Enfin, pour maintenir l'ordre à Amiens si les habitants venaient à être pris de panique.

# Rapport remis le 28 février 1918[1]

---

## *ÉTUDE*

## *SUR LA SITUATION D'ENSEMBLE*

### *à la date du 25 février 1918*

---

[1] On se rappelle les faits :

Les Allemands attaquèrent entre Lens et Saint-Quentin le 21 mars au matin avec une violence inusitée jusqu'à ce jour. Les Anglais furent immédiatement mis en déroute. Il fallut appeler, de *Toul*, l'Etat-major de la 1re Armée qui arriva tout juste à temps, à Breteuil, pour arrêter la débâcle et essayer de rétablir la situation, mais dans quelles conditions !

Quelques jours après (4-9 avril), une nouvelle surprise se produisit dans la région d'Ypres-Mont Kemmel.

Enfin, le 27 mai, les Allemands faisaient tomber le Chemin-des-Dames en le débordant par *Craonne-Berry-au-Bac*, secteur réputé tranquille où on avait mis des Anglais au repos !

Je laisse le lecteur juge de ce qu'il faut penser de ces trois surprises et s'il doit, pour l'avenir, se laisser endormir par l'optimisme officiel de ceux qui n'ont pas su les prévoir.

## I

# Concentration des divisions allemandes sur le front occidental.

En juin 1917, les Allemands avaient 155 divisions sur le front occidental (France), dont 115 en ligne et 40 en réserve. Ils s'étaient efforcés jusqu'alors de maintenir ce chiffre de 40 à peu près constant, en organisant un mouvement continu d'échanges entre les divisions fraîches et les divisions fatiguées des deux théâtres d'opérations.

En juillet, une offensive des Russes, en Galicie, qui devait précéder l'offensive anglaise, entraîne le transport de 7 divisions sur le front oriental. Le 1er août, les Allemands n'ont plus que 148 divisions sur le front occidental, chiffre qui tomba à 146 le 1er septembre.

C'est le chiffre le plus bas enregistré depuis la fixation du front, mais la situation permettait à ce moment de relâcher la densité sur l'ensemble de la ligne du front. Le nombre des divisions en ligne fut réduit à 105 ce qui faisait monter les réserves à 41.

L'attaque anglaise retardée par le coup de main de Lombartzyde n'avait pu débuter qu'au commencement d'août ; et pendant les premières semaines le mauvais temps entravait à tel point les opérations que la situation n'avait rien d'inquiétant.

Il suffisait d'alimenter la bataille, non par l'appoint d'unités nouvelles, ce qui aurait plutôt créé des complications, mais par le renouvellement en personnel des unités fatiguées.

Le dernier sursaut des Russes a été brisé en Galicie. L'intérêt de ce front oriental diminue de plus en plus, surtout après l'opération contre Riga le 1er septembre, qui a donné des résultats inespérés. Par mesure de prudence et pour ne pas donner l'éveil, on n'en réduira pas encore les effectifs, mais on n'hésitera pas à sacrifier sa combativité au profit du front occidental.

Le matériel roulant employé en juillet et août à transporter des divisions sur le front de Galicie, ramène en Belgique des détachements de 800 à 1000 hommes formés à raison d'une trentaine par compagnie et choisis parmi les meilleurs contingents (hommes de 25 à 32 ans). Ils sont répartis dans les divisions les plus éprouvées et remplacés en Russie par des Alsaciens, des jeunes gens de la classe 1919 et les reliquats des dépôts. —

Ce système dure jusque vers le mois de novembre. Pendant cette période, le nombre des divisions s'est maintenu à peu près au même niveau, puisqu'il n'a augmenté que de trois depuis septembre pour atteindre seulement le chiffre de 149 au 1ᵉʳ novembre.

La bataille des Flandres prenait cependant de l'extension et les pertes commençaient à devenir inquiétantes. Mais la grosse réserve de 41 divisions permettait d'y parer. La densité du front de bataille fut augmentée par des prélèvements sur cette réserve. On voit alors le nombre des divisions en ligne, passer de 105 au 15 septembre, à 119 au 1ᵉʳ novembre et les réserves tomber dans le même temps de 41 à 30.

Pendant cette période l'attention du commandement allemand semble avoir été principalement portée vers le front d'Italie. Il est probable que c'est immédiatement après la chute de Riga (1ᵉʳ septembre) que ce nouveau plan a été conçu, car dès le 15 septembre, le Corps alpin quitte la Russie pour être dirigé vers le Tyrol. On espérait sans doute que la campagne de démoralisation assurerait le succès de l'entreprise, qu'il fallait se presser avant l'arrivée de la mauvaise saison, enfin que le meilleur moyen de décongestionner les Flandres était d'obliger l'Entente à envoyer des réserves sur ce nouveau théâtre.

Il faut dire que ce plan a réussi tout au moins en partie, mais qu'il ne manquait pas de hardiesse. On se demande ce qui serait arrivé si les Italiens avaient tenu par leurs propres moyens et si les effectifs envoyés au-delà des Alpes avaient pu être employés à monter une attaque sur le front occidental concurremment avec les batailles des Flandres et de la Malmaison (23-25 octobre).

D'après les estimations du G. Q. G. basées sur les expériences des attaques précédentes, il faut aux Allemands un minimum de 18 divisions de réserve pour pouvoir alimenter une bataille défensive sur un front de 15 km. (1). C'est à peu près le front de la bataille des Flandres ; on en déduit donc qu'à ce moment il ne leur restait que 12 divisions pour parer à une autre attaque. Si la percée ne s'est pas faite à la Malmaison, c'est que cette bataille a duré trop peu de temps et qu'elle n'a été livrée qu'en vue d'un objectif limité.

On peut dire que jamais la situation n'a été plus critique pour nos ennemis qu'à cette époque (1ᵉʳ novembre).

Mais un événement nouveau les servit à souhait. Kerenski était tombé le 28 octobre ; l'arrivée de Lenine au pouvoir leur

---

(1) Soit n le nombre des divisions en ligne.

    n' la première réserve $= n/3$

    n'' la deuxième réserve à la disposition du commandement de G. A. $= n/6$.

En 4 ou 5 jours l'usure est de : $n + n' + n'' = 9\,n/6$.

En prenant $n = 6$, ce qui correspond à un front de 15 km. on obtient 9 divisions.

Il faut immédiatement en arrière un réservoir A de 9 divisions, puis comme les premières ne seront pas refaites avant l'épuisement de ce premier réservoir, il faut encore un réservoir B de 9 divisions.

A ce moment des divisions fraîches venues d'autres parties du front, et relevées pourront commencer à intervenir.

laissait définitivement les mains libres en Russie. C'est immédiatement après cette date que nous voyons commencer les grands transports du front oriental sur le front occidental.

Dès le mois de novembre, le nombre des divisions sur ce front s'augmente de 7 divisions et passe à 156. Mais, en réalité, cela ne suffisait pas encore pour améliorer la situation, car la bataille des Flandres continuait à battre son plein. 70 divisions s'y étaient succédé : il fallait augmenter de plus en plus la densité du front. Le 1er décembre il y a 125 divisions en ligne. C'est le chiffre le plus élevé enregistré. Malgré les afflux de Russie, il n'y avait donc encore à cette date que 31 divisions en réserve.

Les unités du front russe ayant été épurées par le prélèvement des meilleurs éléments, il était indispensable de les réorganiser avant de les envoyer sur le front occidental. On les agglomère en les réduisant de 4 à 3 régiments, on les dote de mitrailleuses légères et de détachements de liaison, organes jugés inutiles sur le front oriental.

Jusqu'au commencement de décembre, l'État-major allemand semble continuer à vouloir porter son effort principal vers le front italien, qui n'est pas encore stabilisé. En effet, la 195e division de Metz n'arrivait dans le Tyrol, qu'à la fin de novembre. A la même époque les troubles qui éclataient en Suisse, étaient le présage qu'une opération connexe se préparait dans cette région.

Aussi, est-il naturel de voir les transports de Russie emprunter jusqu'au 15 décembre presque exclusivement les lignes du sud et du centre de l'Allemagne.

Ces transports constituent la première série des divisions venues du front oriental.

Après leur débarquement, elles sont mises à l'instruction pendant très peu de temps, souvent quelques jours seulement et cette instruction est uniquement dirigée en vue de *la défensive*. On leur apprend le nouveau règlement sur l'occupation des zones de couverture et de combat et sur l'échelonnement des forces en profondeur. Aussitôt instruites, elles sont mises rapidement en secteur dans les régions les plus rapprochées (Woëvre-Saint-Mihiel). Il faut se hâter de récupérer les bonnes divisions de manœuvre pour les éventualités qui peuvent se présenter en Italie ou sur la frontière suisse.

A partir du 15 décembre, les divisions allemandes d'Italie sont rappelées en France et les divisions venues de Russie, commencent à être transportées par les lignes de l'Allemagne du Nord vers la Belgique.

On est donc amené à conclure qu'à ce moment l'État-major allemand a renoncé à forcer le front italien et qu'il conçoit un nouveau projet : celui d'une grande offensive sur le front occidental.

Ces dernières divisions forment une deuxième série bien distincte de la première. Elles sont mises à l'instruction dans les mêmes conditions que les divisions en réserve et préparées spécialement à la guerre de mouvement et à l'offensive : longues marches suivies d'attaques.

Quelques-unes sont mises en secteur pour relever des divisions fatiguées, mais après avoir passé suffisamment de temps dans un camp d'instruction pour jouer leur rôle dans une offensive.

Presque toutes celles de cette série sont réparties dans les armées qui tiennent le secteur entre la Champagne et la Mer.

Le courant des transports qui avait amené 15 divisions dans le courant de décembre, s'est poursuivi en janvier et en février. Il y a lieu de noter, cependant, qu'en janvier l'accroissement connu, n'est que de 4 divisions et de 5 en février.

Peut-être les transports ont-il été réduits par suite des difficultés, telles qu'inondations, usure de matériel, ou par suite des mouvements grévistes; peut-être les Allemands qui n'ont plus que 55 divisions, dont 30 de Landhwer sur le front russe, ne veulent-ils pas le dégarnir complètement. Mais il se peut aussi que certains mouvements n'aient pas été identifiés et qu'il soit arrivé plus de divisions qu'on ne croit. Le chiffre de 180 contrôlé fin février, doit donc être considéré comme un minimum (1).

Si depuis le 1er décembre le nombre total de divisions s'est considérablement accru, la densité du front a par contre sensiblement diminué : le nombre des divisions en ligne est en effet passé de 125 à 112. La mauvaise saison et l'absence de grosses opérations a permis ce relâchement, qui a eu l'avantage de pouvoir soumettre à l'instruction intensive, un plus grand nombre d'unités et de constituer une réserve globale de 68 divisions.

---

(1) Si le courant de transports janvier et février a été aussi actif qu'en décembre, il faudrait augmenter ce chiffre de 20, ce qui porterait le nombre des divisions totales à 200. Il est possible aussi que des unités autrichiennes et bulgares aient été transportées vers le front occidental. La supposition de la présence de ces éléments ne repose que sur des bruits. Il n'en sera donc pas fait mention dans cette étude, néanmoins il est certain que des batteries autrichiennes y sont arrivées.

## II

# Aperçu sur l'ensemble de l'organisation du front.

1º **Côté ennemi.** — *a)* Zones défensives.

Il est dit, dans la note du G. Q. G. sur l'attaque dans la guerre de position, d'après les documents allemands, que l'ennemi a l'intention de fixer nos effectifs sur d'autres fronts que ceux choisis pour l'attaque, en y intensifiant l'activité de l'artillerie, tout en les organisant dans le but d'économiser du monde et de pouvoir manœuvrer par derrière l'abri.

Il y a là un perfectionnement de ce qu'on était convenu d'appeler jusqu'ici zones passives. Il ne s'agit pas seulement d'arrêter l'ennemi s'il attaque, mais de l'y attirer pour provoquer son attaque, et par conséquent l'obligation d'en pousser les organisations au maximum. Ce sont de véritables zones fortifiées.

*Du Nord au Sud* : C'est d'abord la région de Lille qui s'étend à peu près de Menin à Seclin :

Des travaux considérables paraissent y avoir été effectués : tranchées bétonnées, villages mis en état de défense, maisons transformées en fortins, blockhaus avec de nombreuses mitrailleuses. Le cours de la Lys, celui de la Deuhle, le canal de Lille à Douai ont été organisés. Les écluses de Wingles ont été préparées pour tendre des inondations. On trouve partout de nombreux emplacements de batteries.

*De Reims à l'Argonne* les défenses se présentent sous deux aspects différents :

Dans la direction des monts, c'est-à-dire de Nogent-l'Abbesse à Auberive, les défenses allemandes sont poussées jusqu'aux premières lignes : multiplicité des réseaux de fil de fer, tranchées bétonnées, abris bétonnés. Dans la zone arrière les villages de la Suippe : Pont-Faverger, Boult-s-Suippe ont été complètement rasés ; on suppose que c'est dans le but de dégager le tir de l'artillerie devant la deuxième position.

*De Souain à l'Argonne*, au contraire, les Allemands ont organisé le terrain conformément à leurs nouveaux règlements sur les zones de combat. Le terrain du sud de la Py paraît être organisé en zone de couverture. Dans la région Orfeuil, Marvaux, Manse, Aure, organisation d'une zone de défense. Sur une longueur de 6 km. environ, deux parallèles sont tracées, la plus au sud à la crête, la plus au nord à contre-pente. Elles sont précédées d'un et parfois deux ou trois réseaux. Les premières lignes sont presque complètement évacuées, la défense ayant été portée plus en arrière.

Dans la région de Woevre, d'Ornes et de Fresne-en-Woevre, les renseignements sont moins précis. Il semble néanmoins que l'ennemi fait de grands travaux sur la ligne Hindenbourg.

Enfin, une dernière zone fortifiée est signalée dans la région qui s'étend de Pont-à-Mousson à Avricourt. Mais il y a lieu de noter que cette dernière organisation semble avoir été faite par crainte d'une offensive de notre part; un prisonnier allemand qui a rejoint ses lignes aurait annoncé de gros rassemblements du côté français, ce qui aurait provoqué ces travaux.

*b*) Equipement du front.

Le G. Q. G. a fait relever sur tout le front, en face des Armées françaises, les zones dans lesquelles l'ennemi a suffisamment de moyens accumulés pour faire une attaque dans un délai rapproché : densité des emplacements de batteries au kilomètre, nombre d'épis d'A. L. V. F., réseaux ferrés.

Il ressort de cette étude que les fronts où l'équipement est prêt sont :

1° De l'*Oise* à l'*Argonne* (cours de l'Aisne).
2° De l'*Argonne* (route de Varennes-Clermont) à la route de *Charny Azames*.
3° De *Saint-Mihiel* à *Pont-à-Mousson*
4° De *St-Amarin* à *la frontière Suisse*.

Les zones dont l'équipement pourrait être prêt dans un délai plus ou moins rapproché seraient :

1° Région de *Fresne-en-Woevre* à *Saint-Mihiel*.
2° Région de *Vic-s-Seille* à *Blamont*.

Les renseignements sur l'équipement des fronts anglais et belges ne sont pas parvenus, mais on peut supposer, d'après les renseignements généraux, que les préparatifs sont suffisants pour une offensive sur tout le front anglais : des batteries de tous calibres y sont partout accumulées, les terrains d'aviation y sont très nombreux, le réseau de voies ferrées extrêmement développé. Sur le front belge, au contraire, il ne semble pas y avoir de symptômes particuliers. On signale dans cette région le retrait de plusieurs escadrilles; 11 d'entre elles (soit 100 appareils) ont été récemment identifiées sur d'autres parties du front. Les terrains de Eigel, Sparappelhock, Thomont, Marie-Alctre ont été partiellement évacués.

2° **Du côté ami.** — Sans entrer dans le détail de l'organisation de notre front, il y a lieu d'énumérer les zones où la configuration naturelle du terrain se prête spécialement à la défensive.

Ce sont du Nord au Sud :

La région qui s'étend de la mer à la forêt d'Houthulst où les inondations ne permettent pas un déplacement sur un grand front.

La région de l'Oise à Craonne, jalonnée par le massif de Saint-Gobain et les hauteurs du Chemin-des-Dames.

La région de l'Argonne.

La région des Vosges entre Saint-Dié et Thann.

**Résumé.** — D'après ce que nous savons des intentions de l'ennemi, il n'y a aucun doute que ses visées ne se bornent pas à la conquête d'un objectif limité, mais que ses prétentions sont d'effectuer une percée. Il veut dès le premier choc pénétrer très profondément dans nos lignes, au minimum jusqu'aux positions d'artillerie, et il compte exploiter immédiatement le succès en lançant immédiatement dans la brèche de nombreux escadrons.

Il est donc bien évident qu'il ne choisira pas un terrain où il serait arrêté à chaque instant par des obstacles naturels tels que cours d'eau, hauteurs, bois, etc.

Il ne peut tenter une pareille manœuvre, ni dans les zones où il a accumulé des défenses, au point de n'y pouvoir faire passer rapidement de gros effectifs, surtout de l'artillerie et de la cavalerie;

ni dans les zones où l'équipement n'est pas prêt;

ni enfin dans les zones où par la nature même du terrain la progression serait entravée à chaque instant.

De ces considérations il résulte que les zones d'attaque possibles se réduisent aux suivantes :

1° Région d'Ypres, entre la forêt d'Houthulst et Menin.

2° Région d'Arras, Cambrai, Saint-Quentin, entre Lens et l'Oise.

3° Région entre Craonne et Reims.

4° Région de Verdun.

5° Région de Saint-Mihiel à Pont-à-Mousson.

6° Région de la Haute-Alsace, de Thann à la frontière Suisse.

## III

## Groupement des Forces.

Pour qu'une offensive soit possible dans un secteur donné, il faut encore que les forces pouvant être jetées dans un temps donné soient suffisantes pour alimenter la bataille. Cette considération prend d'autant plus de valeur d'après ce que nous savons des intentions de l'ennemi, qu'il semble vouloir réduire au minimum le combat d'usure, pour arriver à un rapide dénouement par la surprise en masse.

Il est donc intéressant d'étudier où les groupements actuels des divisions peuvent amener une concentration rapide et quelle est la valeur relative de ces groupements.

1° **Groupement des divisions au point de vue du nombre.** — Le groupement des divisions allemandes est le suivant :

| | | en ligne | en arrière | Total | |
|---|---|---|---|---|---|
| 1ᵉʳ Groupe d'armées du Kronprinz Rupprecht de Bavière. | 4ᵉ Armée Sit v. Arnim. | 16 | 16 | 32 | |
| | 6ᵉ Armée v. Quast...... | 11 | 6 | 17 | 78 |
| | 2ᵉ Armée v. Marwitz.... | 14 | 5 | 19 | |
| | ?ᵉ Armée (1) v. Hutier...... | 5 | 5 | 10 | |
| 2ᵉ Groupe d'armées du Kronprinz Impérial. | 7ᵉ Armée v. Boehn...... | 10 | 9 | 19 | |
| | 1ʳᵉ Armée F. v. Below... | 9 | 5 | 14 | 66 |
| | 3ᵉ Armée v. Einem ..... | 9 | 6 | 15 | |
| | 5ᵉ Armée v. Gallwitz..... | 12 | 6 | 18 | |
| 3ᵉ Groupe d'armées du Duc de Wurtemberg. | Détachement C Fuchs ......... | 9 | 2 | 11 | |
| | Détachement A v. Mudra..... | 7 | 3 | 10 | 36 |
| | Détachement B v. Gundell .... | 10 | 5 | 15 | |
| Totaux...... | | 112 | 68 | 180 | |

(1) On n'est plus certain que ce soit la 8ᵉ Armée que commande v. Hutier ; d'après les derniers renseignements la 8ᵉ Armée serait encore sur le front russe.

Le premier groupe a une étendue de front de 200 km. environ.

Le deuxième groupe a une étendue de front de 200 km. environ.

Le troisième groupe a une étendue de front de 270 km. environ.

Si nous cherchons la densité des divisions sur un front de 3 km. (front admis comme maximum pour une division dans la bataille) nous trouvons :

Pour le premier groupe une densité aux 3 km. de 1,12.

Pour le deuxième groupe une densité aux 3 km. de 0,99.

Pour le troisième groupe une densité aux 3 km. de 0,49.

On peut constater immédiatement, d'une manière générale, que le centre des gros rassemblements se trouve entre la mer et l'Oise et que le premier groupe a une assez grande densité pour engager une bataille sans faire appel, tout au moins au début, aux réserves des groupes voisins, tandis que dans les deuxième et troisième groupes cette condition n'est pas réalisée.

Si la bataille devait s'engager sur un front restreint, on pourrait admettre qu'à l'intérieur d'un groupe, les réserves d'une armée passent dans l'armée voisine, mais nous savons par les documents saisis que les Allemands comptent engager la bataille sur un *très large* front et nous devons admettre que s'ils font appel aux réserves des secteurs voisins, ils se garderont par mesure de précaution de dégarnir un secteur de toutes ses réserves. Le minimum qu'ils puissent laisser dans les secteurs où ils n'attaqueront pas peut être évalué à une division en réserve par groupe de trois divisions dans les secteurs ordinaires et de 1 division en réserve pour 5 divisions de front dans les secteurs dits fortifiés.

En supposant donc que l'attaque se fasse sur le front de deux armées (100 km. environ), nous obtenons d'après les suppositions précédentes le tableau suivant :

| Armées | D. du secteur | D. prélevées sur secteurs voisins | Total |
|---|---|---|---|
| 4ᵉ<br>6ᵉ | 49 | | 49 |
| 6ᵉ<br>2ᵉ | 36 | 35 | 71 |
| 2ᵉ<br>8ᵉ | 29 | 31 | 60 |
| 8ᵉ<br>7ᵉ | 29 | 25 | 54 |
| 7ᵉ<br>1ʳᵉ | 33 | 21 | 54 |
| 1ʳᵉ<br>3ᵉ | 29 | 30 | 59 |

| Armées | D. du secteur | D. prélevées sur secteurs voisins | Total |
|---|---|---|---|
| 3ᵉ.......  } 5ᵉ....... } | 33 | 19 | 52 |
| 5ᵉ....... } Dét. Ac. } | 29 | 21 | 50 |
| Dét. Ac. } Dét. Ab. } | 25 | 8 | 33 |

On voit immédiatement que c'est dans le secteur des deuxième et sixième armées que la densité des troupes disponibles pour une bataille est de beaucoup la plus considérable ; vient ensuite le secteur de la deuxième et huitième armée ; puis celui de la première et de la troisième armée.

Comme une partie de la 6ᵉ Armée est en zone passive, comme d'autre part la densité des deuxième et huitième armée est également très grande, on peut en conclure que la bataille s'engagera probablement entre Lens et Saint-Quentin, l'axe de la plus grande densité utilisable se trouvant à peu près sur l'axe de la deuxième armée, c'est-à-dire sur la route de Cambrai a Bapaume.

En liaison avec ce secteur une attaque de diversion pourrait se produire à Ypres ; la densité des divisions dans la 4ᵉ Armée est suffisante pour exécuter une action dans ce secteur restreint, d'autant plus que le réseau ferré très développé en arrière de la région de Lille pourrait permettre, si elle tournait bien, d'y amener rapidement des renforts.

En ce qui concerne les première et troisième armées il est à remarquer que la troisième armée est tout entière devant une zone passive ; l'attaque se ferait donc plus rapidement sur la zone de la première armée, entre Craonne et Nogent-l'Abesse.

Cette attaque ne pourrait avoir qu'un objectif limité, à la prise de Reims dans un but moral ; car elle se trouverait immédiatement arrêtée devant la montagne de Reims. Prétendre tourner le Chemin-des-Dames, en descendant le cours de l'Aisne serait une entreprise bien hasardée!

Dans les autres secteurs où l'équipement du front et la nature du terrain permettent une attaque, c'est-à-dire à Verdun et en Alsace, il ne peut être question que d'un objectif de second ordre et de diversion sur un petit front, les effectifs ne permettant pas une attaque de grande envergure.

Cependant une surprise pourrait avoir lieu sur le front d'Alsace et provenir des divisions qui ont pu arriver en janvier et en février (en plus des 180 identifiées) et qui pourraient être rassemblées sur la rive droite du Rhin. On parle souvent de concentration dans cette région et d'après les derniers renseignements les Allemands auraient construit dernièrement un assez grand nombre de ponts sur le Rhin (18, dit-on, de Strasbourg à Bâle.)

**2⁰ Groupement des divisions au point de vue de la qualité.** — Nous avons dit plus haut comment, *par suite des nécessités du moment*, les Allemands avaient été conduits à mettre en secteur dans la région de Verdun et en Woëvre des divisions venues de Russie et mal instruites pour la guerre de mouvement.

Ces divisions sont presque toutes encore en secteur depuis leur arrivée ; elles ne seraient probablement d'aucun appui pour une offensive. Il faudrait donc, pour conserver la densité utile calculée plus haut, les renvoyer dans un secteur calme et les remplacer par de bonnes divisions prélevées au loin. Cela ne concorde pas avec l'idée d'une attaque brusquée.

Il est donc très peu probable, de ce fait, qu'une attaque se produise dans la région comprise entre la Meuse et la Moselle.

Au contraire, si nous examinons les divisions qui peuvent intervenir dans la région de Cambrai, nous constatons qu'il n'y existe pas une seule division de Landwher, ni d'Ersatz mais, par contre, on y trouve un assez grand nombre de divisions de la Garde et de divisions bavaroises et beaucoup d'autres ayant pris part à toutes les grandes batailles : en un mot, les meilleures de l'Armée allemande ; on n'y trouve que six divisions venues de Russie, mais qui ont subi préalablement une instruction intensive à l'arrière.

Enfin, on signale dans la région de Rocroy et de Chimay deux groupes D et E composés chacun de cinq divisions, et qui semblent spécialement destinés à l'attaque décisive (1).

Ces groupements sont à 60 ou 80 km. de Cambrai et pourraient y être amenés facilement, partie en chemin de fer, partie en étapes. De nombreuses voies ferrées ont été construites recemment dans la région de Montconet, Hirson, Guise, Bohain. Ce fait est caractéristique.

Si l'on remarque que le général von Hutier, le vainqueur de Riga a, dans la région de Saint-Quentin, le commandement d'une armée, que le général Otto von Bellow (2), le vainqueur de Tolmino, est désigné pour prendre une Armée, la 14ᵉ, qui s'intercalerait, entre la 6ᵉ et la 2ᵉ, dans le secteur de Cambrai, on ne peut pas admettre qu'il n'y ait là qu'une simple coïncidence. Il faut remarquer que ce sont les deux chefs les plus en vue de l'Armée allemande, parce que ce sont les derniers qui ont remporté des succès suivis d'un grand retentissement. L'Etat-major ne pouvait faire un choix plus judicieux pour diriger une opération qu'il espère décisive. Ils lui inspirent confiance et sont bien choisis pour tenir haut le moral des troupes.

Des rassemblements importants de cavalerie ont été signalés

---

(1) Voir détails dans le chapitre « Théorie de l'offensive ».
(2) Ne pas confondre avec le général Fritz von Below, qui commandait la 1ʳᵉ Armée à la bataille de la Somme, et qui la commande encore dans le secteur de Reims.

depuis déjà assez longtemps en Belgique, vers la région de Liége. On a pu croire que ces unités étaient destinées à prendre des secteurs sur un front calme. On a cru même, à plusieurs reprises, que des cavaliers avaient relevé des divisions de marine dans les Dunes, mais il n'en est rien. Il faut admettre que les divisions de cavalerie signalées sont destinées à intervenir pour exploiter la percée sur laquelle on compte. Leur présence est un indice de la région choisie pour cette attaque. D'autres signes tels que constitution de nombreux dépôts de munitions, agrandissement et créations de voies importantes de garage, apparition de nouveaux terrains d'aviation dans la zone de Cambrai, dévoilent les projets de l'ennemi. Il faut encore signaler l'évacuation d'une zone de 20 km. en arrière des premières lignes dont le but ne peut être que de faciliter les concentrations de troupes.

3° **Résumé.** — On voit donc que le groupement des forces, tant au point de vue de la quantité que de la qualité, confirme les prévisions déjà entrevues par l'étude des secteurs où l'attaque pourrait se produire. Il nous montre l'attaque principale presque certaine dans la région de Cambrai (1) (2) avec attaque secondaire probable à Ypres et à Reims (1), possible en Alsace (1).

Il n'y a pas lieu d'insister sur les avantages politiques, militaires et stratégiques que ce choix semble offrir à l'ennemi.

---

(1) Secteur de Cambrai (de Lens à Saint-Quentin).
Secteur d'Ypres (4° Armée) (Forêt d'Houthulst à Menin).
Secteur de Reims (1° Armée : de Craonne à Reims).

(Voir II° et III° partie). Alsace (détachement B : de Thann à la Suisse).

(2) Les Anglais ont tout récemment capturé un document sur un aviateur prisonnier qui confirme et précise cette hypothèse.

Des bombardements sont ordonnés dans une zone de 7 km. en arrière des zones anglaises dans la région de Bapaume afin de démoraliser les populations.

Des photographies doivent être prises :

1° Au-dessus du secteur *Bullecourt, Saint-Léger, Vaux, Vrincourt, Avrincourt.*

2° De l'intérieur des lignes allemandes, à 500 mètres de hauteur des vues obliques des mêmes secteurs (sans aucun doute pour que les exécutants puissent connaître l'aspect du secteur d'attaque).

3° Sur la zone de l'intérieur, dans la région de *Bullecourt, Villiers-les-Lacuicourt, Brunemont, Wavrechin, Raillencourt, Graincourt* (pour savoir si leurs préparatifs sont suffisamment camouflés).

Il est dit que les ordres donnés ci-dessus annulent ceux précédemment donnés.

Il faut noter de plus que les réseaux de lignes téléphoniques et télégraphiques ont été très largement développés dans la région de Cambrai ces temps derniers.

## IV

# Théorie de l'offensive dans l'Armée allemande.

Depuis leur résolution de frapper un grand coup sur le front occidental, les Allemands ont apporté tous leurs efforts dans sa préparation et dans l'orientation vers l'offensive et la guerre de mouvement.

**Matériel.** — Leur premier soin a été d'approprier le matériel à cet objet. Jusqu'alors la dotation des mitrailleuses était la suivante :

1 compagnie de mitrailleuses 1908 par bataillon.

3 mitrailleuses légères 1908-1915 par compagnie d'infanterie, ce qui portait le nombre des mitrailleuses par régiment à :

36 mitrailleuses 1908
36 mitrailleuses 1908-1915.

Total : 72

D'après des renseignements récents, le nombre des mitrailleuses légères serait porté à 72 par régiment, soit 6 par compagnie. Le nombre des détachements de mitrailleurs d'élite (Scharf-Schutz-Abtheilungen) est porté à 79 de 36 mitrailleuses chacun au lieu de 30 précédemment.

Cet accroissement considérable de mitrailleuses légères indique bien la préoccupation d'alléger le matériel en vue de la guerre de mouvement.

De plus, depuis le 1er février, chaque mitrailleuse légère doit être servie par 8 hommes au lieu de 4, ce qui permet de faire suivre les munitions sans être obligé d'attendre les convois.

Chacun des 4 hommes supplémentaires doit porter 4 caisses de 250 cartouches chacune.

Un nouveau type de mitrailleuses encore plus légères serait en construction ; cette mitrailleuse est du calibre de 5 ⁒ ½, peut tirer 400 balles à la minute, n'a pas de refroidissement à eau et peut être portée par un seul homme.

La compagnie est dotée de deux lance-grenades portés par une voiture dite « d'engin de combat rapproché ».

Chaque bataillon est doté de quatre minen légers dont le règlement prévoit l'emploi pour appuyer les actions d'infanterie dans la guerre de mouvement.

Le règlement de 1917 précise que la section a comme organe de feu les mitrailleuses légères, comme organe de mouvement les groupes tirailleurs.

**Entraînement.** — Toutes ces prescriptions tendent à développer l'esprit offensif : « le soldat doit savoir que seul le mouvement en avant conduit à la victoire ».

Dès qu'une division quitte un secteur, elle est mise à l'entraînement en vue de la guerre de mouvement. D'après les lettres de prisonniers, les hommes se plaignent « de la vie de misère qu'ils mènent; exercice sans arrêt depuis le petit jour jusque très tard le soir ».

**Instruction des petites unités.** — Dans les petites unités on fait des marches d'entraînement et des exercices d'attaque d'après les dernières méthodes. Dans chaque régiment, il y a deux bataillons en première ligne et un en réserve et dans chaque bataillon trois vagues d'assaut.

La première vague composée de strostrupps, s'avance en colonne par deux en se masquant par le lancement de grenades fumigènes « dans une poussée irrésistible ». Elles évitent et négligent les obstacles qui doivent être réduits par les vagues suivantes.

La deuxième vague comprend de l'infanterie et des mitrailleuses légères.

La troisième vague de l'infanterie et des Granatwerfer, des minenwerfer légers.

La distance réduite à cent mètres environ entre chaque vague a pour but de faire attaquer nos premières lignes par une formation suffisamment dense avant que nos barrages aient eu le temps de jouer.

**Manœuvres des grandes unités.** — Dans les grandes unités on semble employer la tactique employée dans l'attaque de Riga. La manœuvre exécutée par le détachement D devant le Kronprinz en donne le mécanisme.

Cette manœuvre était désignée sous le nom de « Durchbruchschlacht an der Aisne ». La 1re D. B., la 52e D. R. et une autre division y prirent part. Elle dura trois jours et les officiers invitèrent leurs hommes à apporter « tout leur cœur et toute leur bonne volonté dans l'exécution de cette opération dont dépendait le sort de la patrie ».

*1re journée.* — Marche de 30 km. la nuit en cantonnement serré.

*2e journée.* — Après une marche de 12 km. dans l'obscurité, la 52e D. R. commence son déploiement à la pointe du jour. *Feu roulant d'une demi-heure.* La bataille dura jusqu'à 11 heures, heure à laquelle la 1re D. B. a rompu les lignes adverses; son rôle est alors momentanément terminé et elle s'arrête; l'attaque est poussée plus loin par la 52e D. R.

*3e journée.* — La bataille s'est terminée après trente heures de combat. Le 238e avait pénétré de 12 km. à l'intérieur des lignes ennemies.

Pendant toute la durée de l'attaque, l'artillerie doit être mobile et suivre de près son infanterie. Chaque pièce est accompagnée d'un détachement de pionniers pour faciliter son avance en détruisant tous les obstacles.

**Théorie de la bataille**. — D'après les différents documents pris récemment et en particulier le « Lehre Von Kampf » de l'Etat-major de la 4ᵉ Armée, approuvé par le Maréchal Hindenbourg, le mécanisme de l'offensive qui a été déjà appliqué à Riga aurait les caractéristiques suivantes :

L'attaque se ferait sur un *très large front* afin de fixer les forces de l'ennemi et de trouver son point sensible : elle serait appuyée d'attaques secondaires dans le but de le tromper sur le véritable point choisi.

Si l'on trouve une résistance organisée, on ira attaquer ailleurs pour pouvoir en un endroit non préparé pour une défense acharnée, percer rapidement, en profitant d'une supériorité écrasante.

*La surprise* est la première condition du succès. Pour l'obtenir on ne massera pas les troupes d'attaque dans les secteurs de l'attaque, mais plutôt dans les secteurs voisins ; on limitera la préparation au strict nécessaire et on exécutera l'attaque et l'exploitation avec vigueur en les faisant se succéder avec rapidité.

Elle ne se fera pas à un jour déterminé, mais quand tous les préparatifs seront suffisamment avancés.

La préparation par l'artillerie (1) sera courte ; elle consistera :

1º En tirs de contre batterie et de harcèlement qui n'atteindront une intensité maxima, que peu de temps avant l'attaque : un jour si possible.

2º En tirs de destruction et d'anéantissement sur les positions d'infanterie par M.-W. et artillerie de très courte durée, quelques heures seulement.

Mais on doit accorder une valeur particulière à l'usage des obus à gaz. Un fort bombardement par obus spéciaux immédiatement avant l'attaque peut avoir un succès décisif (2).

_______________

(1) Les usines Krupp auraient construit 5.000 nouveaux canons du calibre de 300 ‰ dont la portée serait considérable et dépasserait tout ce qui existe actuellement.

(2) Les bombardements par obus à gaz de M. W. seront largement employés. La densité des M. W. est calculée à raison de 1 M. W. tous les dix mètres.

Lors d'une attaque à Regnéville, chaque projectile 17,5 dont la teneur en gaz était de 7 kil. a agi sur un rayon de 5 ou 6 mètres, ce qui représente une vague de gaz incomparablement supérieure à une émission habituelle de vagues de gaz.

Les attaques seraient précédées d'envois successifs de gaz lacrymogène, de gaz stupéfiant, enfin de gaz très toxique.

Ce dernier fabriqué à Griesheim, est incolore et inodore, il a un effet violent sur les tissus. L'ennemi compte qu'il rendra le masque inutilisable par son action corrosive.

Il est enfin un nouveau gaz qui aurait la propriété de faire vomir et de forcer à enlever le masque. Pour éviter cet inconvénient sur leurs propres troupes, les Allemands ont muni leurs masques d'un vomitoire sous forme d'un long sac qu'ils prolongent comme une panse et qui est fixé à la taille par une courroie.

L'assaut se fera par une succession de vagues, submergeant les positions ennemies jusqu'à ce que l'objectif soit atteint. Les nouveaux tanks armés les uns de M. W., les autres de mitrailleuses y prendront part. Ces tanks sont d'un modèle analogue aux nôtres, mais plus fortement blindés dans leurs parties basses. Dans les manœuvres on les place sur des chariots traînés par des chevaux. Le premier objectif doit se trouver au moins dans les lignes d'artillerie. Aussitôt que ce bond sera réalisé, un deuxième assaut doit commencer avec un objectif plus éloigné « et de cette façon la percée peut réussir ».

Il résulte de ces considérations et de ces exemples que l'ennemi se propose tout autre chose qu'un objectif limité ; son but est la percée. De ce qui précède, on peut conclure qu'il y aura trois phases dans l'attaque :

1<sup>re</sup> *phase*. — Fausses attaques pour attirer nos réserves et nous faire dégarnir nos objectifs. Il est possible que ces fausses attaques, qui consisteraient probablement surtout en violents tirs d'artillerie soient exécutés dans les secteurs en zones passives.

2<sup>e</sup> *phase*. — Attaques sur un très grand front, ou sur plusieurs fronts pour choisir le point faible.

3<sup>e</sup> *phase*. — Attaque décisive avec les divisions de manœuvre et percée sur le point de moindre résistance.

Si la défense résiste, il est possible et même probable que la 3<sup>e</sup> phase n'aura pas lieu.

La bataille prendra alors le caractère d'une lutte d'usure comme à Verdun, dans la Somme et dans les Flandres.

Dans ce cas, au lieu de faire intervenir brusquement les réserves préparées pour l'attaque et que nous avons évaluées plus haut, l'ennemi pourra faire intervenir *successivement* toutes ses divisions par relèves.

Or, l'expérience des batailles précédentes a montré que l'usure du défenseur est de 1/3 supérieur à celle de l'assaillant.

Un des problèmes qui se posera est donc le suivant :

Cette usure réciproque dans les proportions indiquées ci-dessus nous serait-elle avantageuse ? Beaucoup de considérations politiques, économiques et morales interviennent dans la solution de cette question et elles sortent du cadre de cette étude.

S'il n'en est pas ainsi, il n'y aura qu'un moyen d'éviter que la bataille ne prenne cette forme, c'est d'obliger l'ennemi à passer à la troisième phase, mais dans des conditions de lieu et de moment qu'il n'aura pas choisies et où il risquera de perdre sa dernière armée de manœuvre.

**Conclusion** — Il ressort de cet exposé que l'ennemi a fait sur notre front des préparatifs importants en vue d'un effort décisif, dont il espère la solution de la guerre. Cet effort se traduira probablement par une attaque de grande envergure dans une région que tout indique devoir être celle de Cambrai-

Bapaume, avec des opérations divergentes dans des secteurs secondaires. S'il se décide à cette solution, c'est qu'il la considère comme sa dernière carte à jouer, aussi n'est-il pas surprenant qu'il en ait reculé jusqu'ici l'échéance, dans l'espoir qu'un événement nouveau lui permette de l'éviter. De ce que cette offensive annoncée depuis le mois de janvier n'ait pas encore eu lieu il ne faudrait pas conclure comme beaucoup le font, que ces préparatifs ne sont qu'une menace.

Bien des raisons, telles qu'intempéries, grèves, difficultés de transports, divergences d'opinion dans les cercles dirigeants, ont pu et peuvent encore retarder l'échéance. Il est même possible qu'elle n'ait pas lieu si des événements politiques imprévus se produisent, mais c'est peu probable.

Ce qui est certain, c'est qu'elle se prépare comme si elle devait commencer prochainement et qu'elle semble plus imminente depuis la victoire des pangermanistes et des militaristes sur les socialistes dans les affaires de Russie (1).

L'ennemi y concentrera sans exception tous les moyens dont il peut disposer. La flotte elle-même sortira de ses repaires pour tenter de rompre le blocus de nos alliés en mettant en jeu les produits de la chimie germanique jusqu'ici inconnus sur les mers.

Avertis comme nous le sommes, nous devons l'attendre avec calme et même la désirer, car nous pouvons être assurés qu'elle marquera le dernier spasme de l'Allemagne et que celle-ci n'y survivra pas.

---

(1) Les permissions doivent être partout supprimées à la date du 28 février. La frontière suisse doit être fermée à la même date.

## V

# Parade à l'attaque allemande.

Une connaissance aussi complète des intentions de l'ennemi constitue, pour notre commandement, une occasion inespérée de lui infliger la défaite qui doit terminer la guerre.

Celui-ci estimera, sans aucun doute, que devant des moyens aussi formidables, la défense sur place telle qu'on l'a malheureusement toujours pratiquée, serait bien dangereuse car en cas de rupture elle pourrait conduire à un désastre.

Si nous avons toujours résisté jusqu'ici, il ne faut pas en conclure que nous pourrions tenir contre cette offensive d'un style inédit, tant par son ampleur que par les effectifs qui seront engagés et les procédés inattendus dont l'ennemi se servira. Et il est encore bien moins certain que les Anglais, malgré leur bravoure incontestable, soient en mesure d'y faire face ; car, il ne faut pas l'oublier, nos Alliés n'ont jamais eu à supporter le poids d'une attaque de grande envergure.

Dans ces conditions, si pénible que soit l'éventualité d'abandonner temporairement du terrain, on n'hésitera pas à se dérober dès que l'attaque commencera, de façon à ce qu'elle tombe dans le vide.

On aura pris soin, au préalable, d'exécuter les travaux nécessaires pour la canaliser et de masser d'*avance*, aux points voulus, *toutes* les réserves disponibles. Dès que l'ennemi se sera suffisamment engagé, on exécutera la contre-attaque libératrice, de préférence sur le flanc, *avant* qu'il n'ait eu le temps d'avancer son artillerie et de se retrancher. Il y aura là un instant fugitif à saisir, qui n'échappera pas à la sagacité de notre commandement.

Attaquer l'ennemi quand il est en mouvement, tout le secret est là.

Vouloir attendre l'attaque pour appeler les réserves, serait risquer d'arriver trop tard. Ce serait, dans le cas actuel où tout peut être prévu, une faute impardonnable.

Essayer de contrebalancer cette attaque en prenant l'offensive ailleurs, serait aller à un échec voulu, car il ne faut pas l'oublier, la première préoccupation de l'ennemi a été de perfectionner ses fronts défensifs, et il est certain qu'il ne déclenchera pas son offensive avant d'être tout à fait tranquille sous ce rapport. On se heurterait donc à une tout autre résistance que dans les tentatives précédentes.

En résumé, la seule parade possible est une manœuvre en retraite suivie d'une contre-offensive préparée d'avance avec soin et déclenchée au moment opportun. Et plus on reculera, plus l'ennemi engagera de forces, mais plus aussi ses flancs seront exposés et ses communications difficiles ; plus la victoire sera complète.

# La Vengeance des Bureaux

Quelque temps après avoir remis ces rapports, à la suite desquels je fus reversé dans un régiment, j'appris que la note suivante avait été inscrite dans mon feuillet du personnel :

« Officier n'ayant pas le discernement, le jugement et la pondération suffisante pour réussir dans l'Etat-major ».

*Signé* : A...,
Chef d'Etat-major de la 1ʳᵉ Armée.

Je me décidai alors à adresser la réclamation ci-dessous :

## Réclamation adressée à M. le Maréchal de France Commandant en chef

J'ai l'honneur de vous adresser une réclamation au sujet d'un note inscrite dans mon feuillet du personnel et ainsi libellée :

« Officier n'ayant pas le discernement, le jugement et la pondération suffisante pour réussir dans l'Etat-major ».

Ci-joint deux rapports remis par moi le premier, le 7 janvier 1918, le second le 28 février 1918.

Il ressort de ces documents que j'ai eu assez de discernement et de jugement pour prévoir les trois grandes offensives du printemps 1918, en précisant le secteur où elles devaient avoir lieu et l'ordre dans lequel elles devaient se produire. Je crois aussi qu'il était difficile d'avertir le commandement en termes plus pondérés qu'il ne devait pas compter sur la résistance des Anglais. J'avais des raisons sérieuses de croire qu'ils ne tiendraient pas, fût-ce même pendant 24 heures.

Cette appréciation sur moi n'a pu être inspirée que par un parti pris inacceptable, et elle oblige tout juge impartial à regretter qu'un officier ayant une haute situation dans l'Etat-major, apporte lui-même si peu de discernement, de jugement et de pondération dans sa manière de noter son personnel.

Cet incident n'est d'ailleurs qu'un exemple isolé entre tous ceux qui pourraient servir à établir les preuves d'une disgrâce continue dont je n'ai cessé d'être la victime depuis longtemps et particulièrement depuis le dépôt des deux documents visés ci-dessus.

J'ai la conscience d'avoir toujours fait mon devoir en vue de l'intérêt de mon pays, dans des situations moins avantageuses et plus obscures, mais plus pénibles que beaucoup de mes camarades. Je n'ai élevé aucune protestation pendant le cours des hostilités, mais à l'heure actuelle, je crois être en droit de demander des explications précises afin que je puisse être en mesure de me justifier des griefs élevés contre moi.

J. DES FORTS.

Cette réclamation n'a pas été transmise à M. le Maréchal Commandant en chef. Elle a été arrêtée par le Directeur de la Cavalerie qui a répondu par la note ci-après :

Paris, le 17 octobre 1919.

La réclamation formulée par le Chef d'escadrons des Forts n'est pas susceptible d'être accueillie ; en outre, elle constitue une faute grave de la part de cet officier supérieur, auquel j'inflige une punition de 15 jours d'arrêts de rigueur pour le motif suivant :

« Contrairement aux prescriptions réglementaires, a adressé une réclamation contre les appréciations dont il a été l'objet dans les notes portées à son feuillet de campagne, et a formulé cette réclamation dans des termes inacceptables. »

Le Général Directeur de la Cavalerie,<br>
Signé : T...

Ayant employé en vain tous les moyens que me donnaient les règlements pour me faire rendre justice, il ne me reste plus qu'à en appeler au jugement suprême du pays qui doit savoir comment ont été traités ceux qui ont voulu défendre ses véritables intérêts.

Au moment de mettre sous presse, j'apprends mon affectation en cas de mobilisation à une Commission d'achat de chevaux. Je suis très flatté qu'on m'ait trouvé assez de jugement, de discernement et de pondération pour l'exercice d'une fonction aussi importante et aussi délicate, étant donné surtout le rôle de premier ordre que tout le monde s'accorde à prêter lors de la guerre prochaine, aux troupes à cheval.

On est si peu habitué à l'adaptation des compétences qu'il est de toute équité de citer, quand par hasard il se présente, un cas aussi caractérisé de leur judicieux emploi.

# Conclusion

Le lecteur me pardonnera d'avoir présenté cette publication sous une forme qui ressemble à un plaidoyer *pro domo*. N'ayant aucun avantage personnel à en retirer, si je l'ai adoptée, ce n'est que par le désir d'exposer les faits dans toute leur lumière.

Il m'a paru nécessaire, à l'heure où nous sommes, d'éclairer l'opinion sur les responsabilités encourues pendant la guerre, afin qu'elle s'oppose au renouvellement de pareils scandales. Il fallait que les mères et les épouses de ceux qui sont tombés au printemps 1918 sachent quels sont les auteurs de ces sacrifices en grande partie inutiles. Les bureaux de l'Etat-major ont commis en présence de l'ennemi, des négligences impardonnables dans leurs devoirs envers la France.

Peut-on espérer qu'ils seront assez clairvoyants pour discerner la gravité des événements qui se préparent ?